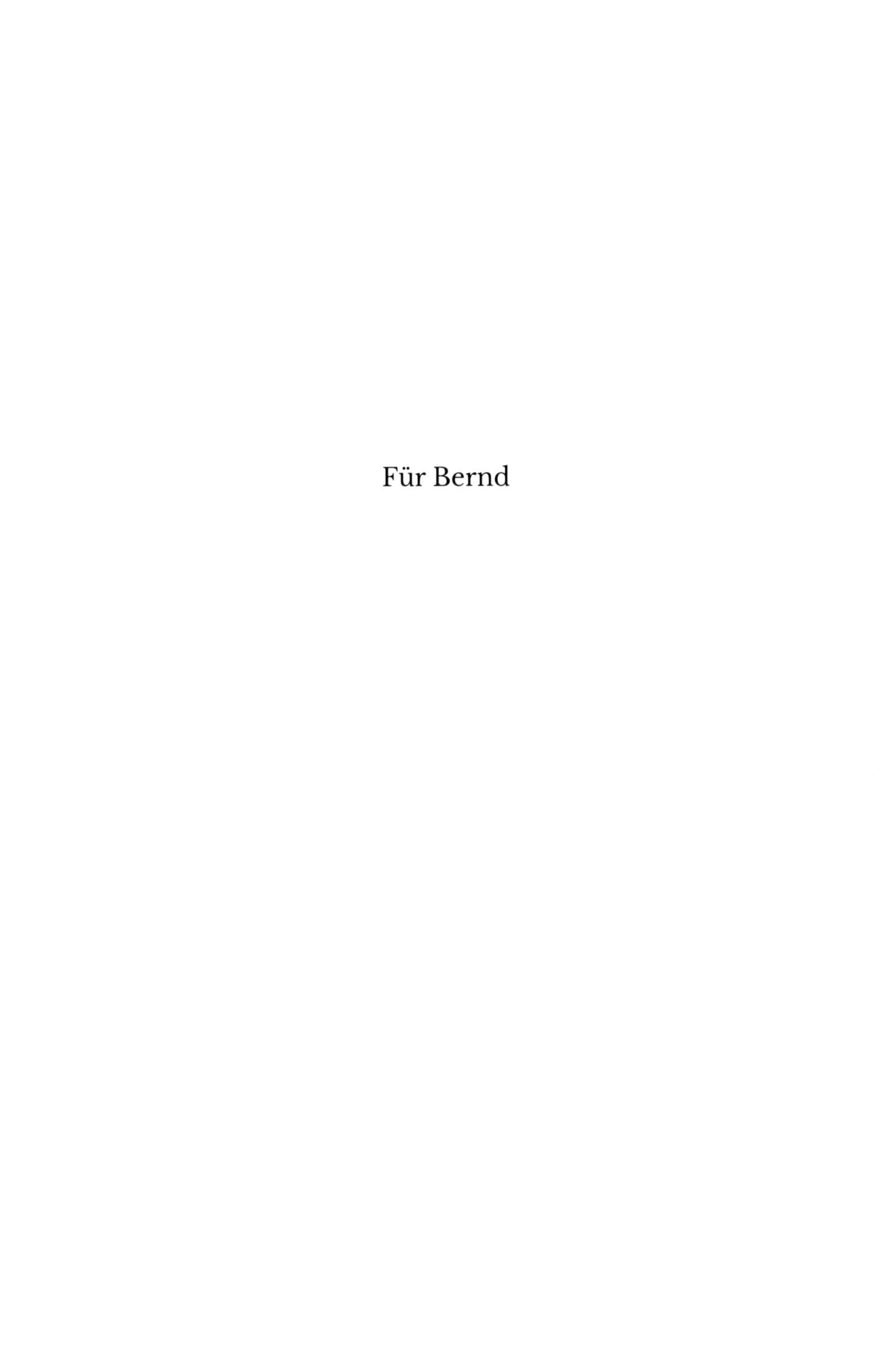

Für Bernd

Omas Pilze

Die Geheimrezepte

Marianne Wollrabe

Bibliografische Information der Deutschen Nationalbibliothek:
Die Deutsche Nationalbibliothek verzeichnet diese Publikation in der Deutschen Nationalbibliografie; detaillierte bibliografische Daten sind im Internet über http://dnb.d-nb.de abrufbar.

Autorin: Alma Marianne Válki-Wollrabe
Umschlaggestaltung, Satz: www.kreativkanzlei.com
Lektorat, Redaktion: Roland Gugganig
Fotos: www.pixabay.com (Creative Commons CC0)

Printed in Germany.

ISBN 978-3-95631-568-8

Shaker Media GmbH • Postfach 101818 • 52018 Aachen
Telefon: 02407 / 95964 - 0 • Telefax: 02407 / 95964 - 9

Inhalt

Willkommen, Wanderer!

An der frischen Waldluft sich bergauf und bergab zu bewegen, ist gesund. Für Wanderfreunde gibt es nichts Herrlicheres, als durch den bunten Herbstwald zu streifen und das Rascheln von trockenem Laub unter den Füßen zu spüren. Und wenn Sie Ihren Spaziergang dorthin unternehmen, wo das Sammeln von Pilzen noch erlaubt ist, wird der Ausflug zum besonderen Erlebnis. Vor allem dann, wenn Sie welche finden!

Ein gesundes Hobby ist es aber nur, wenn Sie die essbaren Pilze mit Kennerblick von den giftigen Pilzen unterscheiden können. Bitte sammeln Sie nicht alles ein, was Ihnen unterkommt, sondern informieren Sie sich vorher sorgfältig über unsere heimischen Pilzsorten.

Wenn Sie nicht ganz sicher wissen, was in Ihrem Korb liegt, fragen Sie in Beratungsstellen nach. Auch Förster geben Ihnen gerne Auskunft.

Wie ich Pilze lieben lernte

Ich war acht Jahre alt, als meine Eltern mit mir im September 1954 in ein kleines Häuschen am Stadtrand zogen. Wir wohnten am Ende einer Sackgasse, die als Wendeplatz für Autos diente. Direkt dahinter, auf einem leicht ansteigenden Hang, begann der Mischwald. Unser Spielplatz.

Ein Großteil des Lebens spielte sich damals auf der Straße ab. Jeden Morgen fuhr der Milchwagen vor, mit einem – für damalige Verhältnisse – großen Sortiment an Lebensmitteln. Nach dem Einkauf standen die Frauen noch lange draußen vor den Türen beisammen, um zu tratschen. Nichts blieb geheim in den Familien. Es war auch normal, dass wir Kinder bei jedem Wetter draußen spielten, außer es regnete in Strömen oder ein Unwetter ging nieder. Freunde zum Spielen in die Wohnung mitzunehmen, war nicht üblich. Die Wohnungen waren klein, und nicht jedes Kind hatte den Luxus, ein eigenes Zimmer zu besitzen.

In unserem Spielgebiet, direkt am Waldrand, sah ich zum ersten Mal Maronen. Bis zu diesem Zeitpunkt hatte ich von diesen Pilzen nie gehört und auch noch nie einen gesehen. Meine Freundinnen aber sammelten so viele der dicken braunen Kappen, wie sie finden konnten, und trugen ihre Beute voller Stolz nach Hause. „Gebraten schmecken die herrlich“, schwärmten sie und ermunterten mich, auch mit dem Pilzsammeln zu beginnen.

Nach langem Zögern trug ich einige Maronen nach Hause und gab sie meiner Mutter. Doch sie wollte nichts davon wissen. Die Angst vor einer Vergiftung war einfach zu groß.

Die meisten von uns Mädchen trauten sich damals nur bis zum Waldrand, während die Jungen sich tief ins dunkle Dickicht hineinwagten, auf hohe Bäume kletterten und Buden aus Holz und Blättern bauten. Am liebsten tobten wir uns beim Versteckspiel aus. Unsere Eltern dachten gar nicht daran, sich Sorgen zu machen, wenn wir Kinder über viele Stunden unauffindbar blieben. Verhätschelt wurde zu unserer Zeit niemand.

Wie üblich gab es bei den Jungen einen Anführer. Er hieß Bernd, war elf Jahre alt und wohnte gegenüber. Obwohl ich noch ein kleines Kind war, beeindruckte mich seine Art, mit den anderen Jungs umzugehen. Sie befolgten seine Anweisungen ohne Zögern. Oft nahm er auch die kleineren Jungen mit in den Wald, zeigte ihnen seine Geheimplätze und erklärte ihnen alles, was er selber gelernt hatte. Er war mutiger als die anderen Kinder, rücksichtsvoll und lustig. Immer hatte er dumme Streiche im Kopf, die aber niemandem schadeten.

Ich habe an Bernd vor allem seine Naturverbundenheit bewundert – und sein Wissen über Pilze. Er hatte nämlich das Glück, dass ein älterer Nachbar sich viel um ihn kümmerte und ihn in die Geheimnisse der Pilze einweihte. So wurde aus ihm schon mit elf Jahren ein kleiner Pilzkenner. Schnell lernte er die ergiebigsten Fundorte aufzuspüren und die essbaren Pilze von den Giftigen zu unterscheiden.

Zehn Jahre später heirateten Bernd und ich und gingen Pilze sammeln, wann immer wir konnten. Unser Zeitvertreib in der Natur machte uns riesigen Spaß und wir konnten es kaum erwarten, im Frühjahr die ersten Stockschwämmchen zu ernten. Im Lauf der Jahre sammelte mein Mann so viel Erfahrung wie kaum ein anderer. Er war überzeugt, jeden Pilz zu kennen. Aber zwei besonders gute Speisepilze sollte er noch kennenlernen.

Im ersten Sommer nach unserer Hochzeit, im Juli 1965, besuchten wir unsere Eltern. Ich sage „unsere", weil seine und meine Eltern ja in der gleichen Straße wohnten, einander direkt gegenüber. Deshalb besuchten wir immer beide Elternpaare zugleich.

Es war ein warmer Sommerabend, und auf dem Heimweg nahmen wir eine Abkürzung durch den Wald. Während es auf freiem Feld noch taghell war, gerieten wir unter den dichten Baumkronen in eine dämmrige, fast unheimliche Welt. Beim Gehen stieß mein Fuß plötzlich gegen ein Hindernis und ich strauchelte. Das Ding, an das ich gestoßen war, fühlte sich merkwürdig an, nicht hart genug für eine Baumwurzel. Als mein Mann und ich die Augen zusammenkniffen und im Dämmerlicht die Sache näher untersuchten, erkannten wir: Ein riesiger Pilz war für mein Stolpern verantwortlich gewesen. So einen großen Pilz hatten wir noch nie gesehen.

Kurz entschlossen befreiten wir das eindrucksvolle Gewächs von Schmutz und Erdreich und nahmen es mit. Und da es noch früh am Abend war, legten wir zuhause unseren Fund auf ein Tablett und besuchten damit einen befreundeten Förster, der ganz in der Nähe wohnte. Aber auch der Förster und seine große Familie, sieben Jungen und ein Mädchen, waren ratlos. Wir wogen den unbekannten Pilz. Er war stolze acht Kilogramm schwer.

Ein paar Minuten später hätte man in unserer Straße ein seltsames Paar beobachten können: Mein Mann und ich, das Tablett mit dem Riesenpilz vor uns hertragend wie eine Reliquie von einem fremden Planeten. Wir waren auf dem Weg in unsere Stammkneipe, vielleicht wusste dort jemand mehr.

Das Lokal war ein gemütliches Holzhäuschen mit urigem bayrischem Mobiliar. Es war das Stammlokal der gesamten Nachbarschaft. Das Erdgeschoss blieb der älteren Generation vorbehalten, während sich oben im ersten Stock die Jugend amüsierte. Obwohl es dazwischen keine Türen gab, blieb der Umgang miteinander immer friedlich. Jeder kannte jeden und alles war in bester Ordnung. Es war anders als in der heutigen Zeit.

Als wir mit unserem Riesenpilz den Gastraum betraten, empfing man uns mit lautem Hallo und großem Staunen. Jeder besah sich den Pilz. Alle redeten durcheinander. Dass es sich um einen Pilz handelte, stand außer Frage, und an guten Ratschlägen, was damit geschehen sollte, mangelte es nicht. Wir stießen mit allen Gästen auf den Sensationsfund an und es kam, wie es kommen musste: Der Pilz bekam seine Taufe mit einem Glas Bier.

Der prächtige Fund sprach sich in unserer kleinen Stadt schnell herum. Sogar die Presse wurde auf uns aufmerksam. Die Regionalzeitung brachte einen großen Bericht mit Foto und rief die Naturfreunde unter den Lesern dazu auf, den mysteriösen Pilz zu identifizieren.

Tatsächlich meldete sich jemand, ein Geschichtslehrer. Er war sehr angetan von unserem Riesenschwamm und erklärte uns, dass es sich um einen sehr seltenen Pilz handelte, der „Krause Glucke" genannt wird oder auch „Fette Henne". Selten, aber ungewöhnlich schmackhaft. Dieser Lehrer gab uns sogar Tipps für die Zubereitung. Inzwischen war es aber zu spät, um unseren Pilz zu verzehren. Er war ja mit Bier durchtränkt worden und so mussten wir ihn leider entsorgen.

Aber wie das so ist bei Pilzen: Wo einer steht, steht garantiert ein Zweiter. Mehr als zwanzig Jahre lang zog es meinen Mann und mich immer wieder an unseren dämmrigen Geheimplatz im Wald – und immer wuchsen dort zur gleichen Zeit diese Pilze. Der Größte, den wir nach Hause geschleppt haben, wog zwölf Kilogramm. Dieses Rekord-Exemplar bereitete ich damals im Waschtopf vor, briet die Stücke mit Salz und frischen Wiesenkräutern ab und lud die ganze Nachbarschaft zum Pilzschmaus ein.

Die zweite Pilzart, die mein Mann und ich noch kennen lernen sollten, entdeckten wir eines Tages im Gestrüpp am

Wegesrand. Mehrere hohe weiße Pilze standen dort auf hohen Stielen, die älteren Exemplare mit weit geöffneten Hüten. Wie Sonnenschirme sahen sie aus. Natürlich konnten wir nicht widerstehen und nahmen einige davon mit nach Hause. Unsere Hausverwalterin konnte es kaum glauben, als wir ihr die Pilze zeigten. Sie freute sich, als wir ihr das Körbchen überließen, und bereitete daraus für sich und ihren Mann eine Mahlzeit zu. Da waren wir noch skeptisch. Die Frau meinte aber, das seien Parasol-Pilze und riet uns, sie einmal paniert und gebraten zu probieren. Nachdem sie mir die Zubereitung erklärt hatte, wagte ich den Versuch. Das Ergebnis war delikat.

So wurden Bernd und ich allmählich von Pilzliebhabern zu Pilzkennern. In der Pilzhauptsaison klopften immer mehr Leute mit vollen Körben bei uns an und baten um eine Pilzbestimmung. Oft war kein einziger Pilz dabei, der genießbar gewesen wäre, manche waren sogar giftig. Die gefährlichen Exemplare entsorgte mein Mann immer sofort im Bach, der hinter unserem Haus vorbeifloss (ja, damals verschwand noch vieles in den Bächen, heute ist das nicht mehr erlaubt). Bernd nahm die Leute immer mit hinunter zum Bach – damit sie nicht befürchten mussten, dass wir schummelten und in Wirklichkeit alle Pilze selber aßen!

Das Pilzsuchen war ein schönes Hobby und entlastete unsere Haushaltskasse. Denn Anfang der Sechziger Jahre war in vielen Familien das Geld knapp. Nur wenige hatten ein Auto oder einen Fernseher. Kühlschränke und Gefriertruhen galten als absoluter Luxus, und Gefrierschränke gab es noch gar nicht. 1967 hatten wir eine Pilzschwemme, besaßen weder einen Kühlschrank noch eine Gefriertruhe, brachten aber täglich bis zu zehn Kilo Pilze heim. Was sollte ich machen? Die guten Pilze wegzuschmeißen kam nicht infrage. Also musste ich mir etwas einfallen lassen.

Kochbücher über Pilze hatte ich nicht, und so erkundigte ich mich bei den älteren Nachbarn und lernte von ihnen, wie man Pilze verarbeitet und konserviert. Ein Freund meinte damals, ich sollte meine Pilze doch einfach zu den Würstchen auf den Grill legen. Er sagte es eher im Scherz, denn Pilze vertragen kein offenes Feuer und Aluminiumfolie war noch nicht erfunden. Aber durch seine Bemerkung kam ich auf die Idee, einen Pilzspieß auf einem Rost im Backofen zu garen. Die Methode gefiel uns gut und das Ergebnis schmeckte großartig.

Von da an ließ ich meiner Fantasie freien Lauf und wagte mich ans Erfinden eigener Rezepte heran, in vielen Variationen.

Damals war es noch üblich, alles aus dem Garten in der Küche zu verarbeiten. Wenn etwas eßbar war, durfte man es nicht verkommen lassen. Alles wurde verwertet, eingekocht, haltbar gemacht. Und ich fragte mich: Funktioniert das womöglich auch mit Pilzen?

Ich fragte viel herum und bekam viele Antworten. Am meisten interessierte mich das Einkochen. Ich erfuhr, wie die Pilze vorbereitet werden und dass man sie eine ganze Stunde lang im Einkochapparat lassen muss, bei 80°. Man lässt die Einkoch-Gläser im Wasser stehen und erhitzt sie am nächsten Tag noch eine halbe Stunde lang. Das sorgt dafür, dass die Gläser später nicht von selbst aufgehen. Meine eingekochten Steinpilze schmeckten köstlich.

So lernte ich in meinen jungen Jahren die Kunst der Pilzverwertung – ob in Essig eingelegt, getrocknet oder zu Pulver vermahlen. Fantasievolle Pilz-Suppen sorgten für reichlich Abwechslung auf unserem häuslichen Speiseplan. Mein Mann, der größte Pilzfreund, den ich kenne, ließ es sich gerne schmecken. Und natürlich luden wir regelmäßig unsere Freunde und Familien zum Pilzessen ein.

So wie mein Mann in seiner Kindheit, lernten auch unsere Kinder und Enkelkinder früh alles Wissenswerte über die Natur, den Wald und die Pilze. Bernd erklärte ihnen bei langen Waldtouren, welcher Baum mit welchem Pilz kommuniziert, welche Pilze zu welcher Jahreszeit wachsen und vieles mehr. Mein Mann war ein guter und geduldiger Lehrer.

Ende der Sechzigerjahre zogen wir in unser eigenes Haus. Nach wie vor wanderten wir oft durch unseren geliebten Wald und kamen mit übervollen Körben heim. Längst hatte sich herumgesprochen, dass wir Pilzsammler und sozusagen Experten waren.

Viele Pilzfreunde haben wir im Lauf unseres Lebens bekocht, beraten und vor fatalen Fehlern bewahrt.

Eine Episode ist mir besonders in Erinnerung: Unser Telefon klingelte abends, zur Essenszeit. Es war die Nachbarin. Sie beschrieb uns einen Pilz aus ihrem Garten, den sie noch nie gesehen hatte, und wollte sich erkundigen, ob sie ihn essen dürfe. Mein Mann, der in solchen Fällen lieber auf Nummer Sicher geht, bat die Frau, sie möge doch bitte mit einem ihrer Pilze zu uns kommen, denn am Telefon sei unmöglich zu sagen, um welche Sorte es sich handelte. Die

Antwort der Nachbarin? Sie meinte, das ginge leider nicht. Sie und ihre Mutter hätten gerade alle Pilze gebraten und aufgegessen!

Was soll ich dazu sagen? Zum Glück stellte sich später heraus, dass es bloß ein paar kleine Boviste gewesen waren – harmlos und wohlschmeckend.

Kleine Pilzkunde

Suchen und finden

Viele Menschen glauben, auf Pilzsuche könne man nur im Herbst gehen, aber dem ist nicht so: Auch im Sommer haben Sie schon gute Chancen, in unseren Mischwäldern essbare Pilze zu entdecken. Und die ersten schmackhaften Pilze sprießen bereits im Frühjahr!

Meist sind sie gut versteckt und von Laub verdeckt, die braunen Kappen sind schwer auszumachen. Darum haben es Pilzsammler nie besonders eilig, sondern bleiben immer wieder stehen und schauen sich in Ruhe um.

Wichtig für Anfänger: Behandeln Sie Pilze immer mit Respekt und fassen Sie sie nur behutsam an. Wenn Sie in freier Natur auf essbare Exemplare stoßen, drehen Sie die Stiele bitte ganz vorsichtig aus dem Boden, um das darunterliegende Pilzgeflecht nicht zu verletzen.

Omas geheimer Pilzkalender

ANIS-CHAMPIGNON

Ab Juni in Buchenwäldern und auf Feld und Wiese zu finden. Leicht zu verwechseln mit dem giftigen weißen Knollenblätterpilz. Dieser Pilz ist essbar, schmeckt intensiv und duftet stark nach Anis.

AUSTERNSEITLING

Im Winter zu ernten an den Stämmen der Laubbäume, auch an abgestorbenen Stämmen. Der Austernseitling ist ein guter Speisepilz, solange der Pilz jung ist. Ältere Pilze sind zäh, vor allem die Stiele. Der Pilz kann problemlos gezüchtet werden.

FICHTENREIZKER

Von September bis Oktober unter Fichten zu finden. Leicht zu verwechseln mit dem ungenießbaren Birkenreizker. Er schmeckt leicht bitter und passt deshalb gut in Pilzmischungen. Sein Hut lässt sich wunderbar panieren und braten – dann schmeckt er beinahe wie ein Parasol.

GOLDRÖHRLING

Von Juni bis Oktober unter Lärchen zu finden. Leicht zu verwechseln mit Schleierlingen, Rauköpfen und Lärchenröhrlingen. Nicht giftig, aber roh essen sollte man ihn nicht. Der Hut des Goldröhrlings ist meist sehr verschleimt. Diesen Schleim wischen Sie am besten schon im Wald mit einem feuchten Tuch vorsichtig ab. Vor der Zubereitung muss dieser Pilz nochmals gut abgewaschen werden. Für eine Mischpfanne oder als eigenständiges Gericht geeignet, ebenso zum Trocknen und Einfrieren.

HALLIMASCH

Von August bis November an abgestorbenem Laubholz zu finden. Nicht giftig, aber leicht zu verwechseln mit dem Sparrigen Schüppling. Entgegen vielen Behauptungen ist der Hallimasch ein ausgezeichneter Speisepilz, sehr kräftig und würzig. Für sich alleine gebraten, ist er vielleicht nicht jedermanns Geschmack, lässt sich aber gut mit anderen Pilzen mischen. Tipp für die Zubereitung: Verwenden Sie nur die jungen Pilze und waschen Sie die Hüte gründlich ab. Wird die weiche Schicht von den Hüten nicht entfernt, kann das zu Durchfall führen.

HERBSTTROMPETE

Von August bis Oktober in Buchenwäldern zu finden. Ein sehr aromatischer Speisepilz. Zum Trocknen sehr geeignet und herrlich als Einzelgericht.

HEXENRÖHRLING

Von Juni bis Oktober besonders unter Buchen und Fichten zu finden. Leicht zu verwechseln mit dem Netzstieligen Hexenröhrling. Als Bestandteil einer

Pilzmischung oder als eigenständiges Gericht geeignet, auch zum Trocknen und Einfrieren. Achtung: In Verbindung mit Alkohol löst der Hexenröhrling Vergiftungen aus. Das kann selbst dann passieren, wenn der Genuss des Alkohols einige Tage zurück liegt.

KRAUSE GLUCKE UND EICHHASE

Die Krause Glucke nennt man auch „Fette Henne“. Sie ist sehr selten, von hellbrauner bis gelblich-brauner Farbe, und sie ähnelt dem Eichhasen. Wenn Sie Glück haben, finden Sie eine Krause Glucke von Juli bis August im Laubwald, am ehesten unter Kiefern. Am schmackhaftesten sind die jungen Pilze.

MARONEN-RÖHRLING ODER BRAUNKAPPE

Von Juli bis November unter Nadelbäumen, Rotbuchen und Eichen zu finden. Delikater Speisepilz, roh jedoch giftig! Maronen können Sie für Mischpilz-Kreationen verwenden, aber auch als eigenständiges Gericht servieren. Sehr dankbare Sorte, auch gut geeignet zum Trocknen, Einfrieren oder für Eingekochtes in Gläsern.

PARASOL

Sehr guter Speisepilz, auch bekannt als „Gemeiner Riesenschirmling“. Zu finden von Juli bis Oktober auf lehmigen, frischen Böden, am Wiesenrand, in Böschungen, Gärten und lichten Wäldern. Verwechslungsgefahr besteht kaum, es sind keine Doppelgänger bekannt. Trotzdem sollten Sie diesen Pilz nicht roh essen! Verwenden Sie nur den Hut zum Braten. Der Stiel kann zu Pilzsalz verarbeitet werden.

PFIFFERLING

Von August bis November in Laub- und Nadelwäldern zu finden. Leicht zu verwechseln mit dem so genannten „Falschen Pfifferling". Nicht giftig. Pfifferlinge haben kaum Eigengeschmack, daher ist es ratsam, sie mit anderen Pilzen zu mischen.

SCHOPFTINTLING

Von Mai bis Oktober zu finden, auf stark gedüngten Flächen, Wäldern und Wiesen. Je nach Wetterlage entdecken Sie den Pilz sogar noch im November. Leicht zu verwechseln mit dem Specht-Tintling und dem Grauen Falten-Tintling. Nicht roh essen und nur die Hüte zum Braten verwenden!

SCHWEFELPORLING

Sehr guter Speisepilz mit sehr festem Fleisch. Sie entdecken ihn von Mai bis Oktober an Eichen, Eschen und Obstbäumen, manchmal auch unter Eiben. Da diese Pilze an Baumstämmen wachsen, kann das Gift der Eibe in den Pilz übergehen. Darum merken Sie sich gleich als Faustregel: Niemals Pilze essen, die unter Eiben wachsen! Einen verwechselbaren Pilz gibt es nicht. Nicht roh essen und nur junge Pilze in den Korb packen, denn nur diese sind essbar.

SPEISEMORCHEL

Delikater und begehrter Speisepilz, von März bis Juni auf Obstwiesen zu finden. Vorsicht: Speisemorcheln sind leicht zu verwechseln mit Frühjahrs-Giftmorcheln und Käppchen-Morcheln und dürfen nicht roh gegessen werden. Um die unbekömmlichen und giftigen Bestandteile zu entfernen, müssen Morcheln vor dem Verzehr mindestens zehn Minuten lang bei hoher Temperatur gegart werden. Auch Speisemorchel-Pulver sollten Sie vor dem Gebrauch mindestens sechs Monate lang lagern, um die toxischen Bestandteile zu neutralisieren. Ansonsten können Sie Morcheln nach vielen Rezepten zubereiten. Sie schmecken intensiv und eignet sich bestens als Beilage zu kräftigen Gerichten wie Wild und Rindfleisch. Getrocknet passen sie gut zu Soßen. Damit sich ihr Eigengeschmack voll entfalten kann, mischen Sie diese delikaten Pilze lieber nicht mit anderen Pilzen, sonst verliert sich ihr mildes Aroma.

STEINPILZ

Von Juli bis Oktober unter Nadelbäumen an lichten Stellen zu finden. Leicht zu verwechseln mit dem Gallenröhrling. Er ist der edelste Pilz in unseren Wäldern und heißt „Stein"-Pilz, weil sein Fleisch fester ist als das der meisten anderen Pilze. Er gilt als Delikatesse und kann in vielen königlichen Variationen zubereitet werden. Meine drei Lieblingsrezepte sind ganz einfach. Sie finden sie im Rezept-Teil.

STOCKSCHWÄMMCHEN

Von Mai bis Oktober zu finden, vor allem an Buchen, zum Teil auch an Fichten. Leicht zu verwechseln mit dem Gifthäubling und dem Grünblättrigen Schwefelkopf. Ausgezeichneter Speisepilz. Für Einzelgerichte sollten Sie nur die Hüte verwenden.

WIESENCHAMPIGNON

Von Juli bis November auf Weiden zu finden. Champignons wachsen oft in Hexenringen. Aber Vorsicht, sie sind leicht zu verwechseln, etwa mit den giftigen Knollenblätterpilzen und Karbol-Egerlingen.

Pilze verstehen

Pilze sind eine eigenständige Lebensform. Noch vor nicht allzu langer Zeit rechnete man sie zum Reich der Pflanzen, nach neueren Erkenntnissen sind sie aber näher verwandt mit Tieren! Sie leben nicht von Wasser und Sonnenlicht, sondern ernähren sich aus verrottetem organischem Material, von Humus zum Beispiel, mürbem Laub oder altem Holz. Das kann man sehr gut an Pilzen beobachten, die an abgestorbenen Baumstämmen wachsen. Irgendwann verspeist der Pilz den ganzen Stamm.

Man hat herausgefunden, dass beinahe neun von zehn aller Pflanzenarten in einer Symbiose mit Pilzen leben, aufeinander angewiesen, um zu überleben. Jeder noch so kleine Pilz, dem Sie im Wald und auf der Wiese begegnen, ist Teil eines großen, unterirdischen Pilzgeflechts und daher ständig verbunden mit anderen Pflanzen. Was wir Pilzsucher sehen und sammeln, sind nur die Fruchtkörper, die aus diesem Geflecht herauswachsen.

Unterscheiden Sie folgende Pilze:

SPEISEPILZE

Echte Delikatessen für Mensch und Tier. Aus unseren heimischen Speisepilzen, ob im Wald gefunden oder im Laden gekauft, können Sie eigenständige Gerichte zaubern und ganz hohen Besuch dazu einladen.

ESSBARE PILZE

Diese eignen sich vor allem für Pilzmischungen, Pilz-Pizzen, usw. Manche Menschen vertragen diese Pilze aber nicht gut, vor allem in Verbindung mit Alkohol. Das Essen zu großer Mengen kann Herzbeschwerden auslösen. Bei empfindlichen Naturen können auch allergische Reaktionen auftreten.

UNGENIESSBARE PILZE

Lassen Sie die Ungenießbaren einfach im Wald oder am Wegesrand stehen. Denn in der Küche haben sie nichts verloren. Schon ein einziger ungenießbarer Pilz genügt, um ein ganzes Gericht zu verderben.

GIFTIGE PILZE

Ob Pilzkenner oder Anfänger: Bleiben Sie wachsam und sehen Sie beim Sammeln genau hin. Besonders tückisch sind die Doppelgänger, die ihren genießbaren Brüdern zum Verwechseln ähnlich sehen. Wenn Sie nicht hunderprozentig sicher sind: Finger weg!

OMAS GUTER RAT

Sollten Sie irrtümlich einen Giftpilz erwischen: Sofort ins Krankenhaus fahren oder den Notarzt rufen!

Die Heilkraft der Pilze

Warum Pilze so gesund sind

Pilze sind schmackhafte und wertvolle Nahrungsmittel. Sie zeichnen sich aus durch wenige Kalorien, hohen Vitamingehalt und viele wertvolle Mineralstoffe. Durch ihren hohen Gehalt von Ballaststoffen machen Pilze rasch satt, regulieren die Verdauung und helfen beim Abnehmen.

Die gesundheitsfördernde Wirkung von Speisepilzen ist seit Jahrhunderten bekannt. Der asiatische Shiitake-Pilz etwa wurde schon in der Ming-Dynastie als Lebenselixier gelobt und trug den Namen „König der Heilpilze". Auch der europäische Lärchenbaumschwamm wird für seine heilenden Qualitäten von alters her geschätzt – deshalb nennt man ihn auch „Apothekerschwamm".

Seit Beginn des 20. Jahrhunderts gewinnen Pilze zusehends an Bedeutung, werden von vielen Ärzten empfohlen und gezielt für medizinische Zwecke genutzt. Sogar das Antibiotikum Penicillin wird aus Pilzen gewonnen. Jeder Pilz hat eine überaus günstige Wirkung auf den Stoffwechsel, stärkt unsere Leistungsfähigkeit und passt hervorragend in eine gesunde Ernährungsweise.

100 Gramm Pilze bestehen zu 90 Prozent aus Wasser und haben durchschnittlich nur 15 bis 25 Kalorien. Pilze enthalten keine Stärke, dafür aber den Zuckeraustauschstoff Mannit und eignen sich daher gut als Lebensmittel für Diabetiker.

Frische Pilze liefern gutes pflanzliches Eiweiß, deshalb sind auch Vegetarier und Veganer, denen es an Vitalstoffen mangelt, mit Pilzgerichten gut beraten. Pilze sind zudem reich an Kalium und enthalten davon mehr als hochwertiges Fleisch. Das gilt besonders für Champignons, Pfifferlinge und Steinpilze.

Zu den wichtigsten Mineralstoffen, Vitaminen und Vitalstoffen der Pilze zählen *Karotin, Natrium, Protein, Vitamin D, Kalium, Fett, Vitamin B1, Kalzium, Kohlenhydrate, Vitamin B2, Phosphor, Ballaststoffe, Nicotinsäure, Eisen* und *Selen*. Diese Vielzahl von Nährstoffen schützt vor Krankheiten. Auch sind schon 300 Gramm Pilze in der Woche ausreichend für die Regulierung des Säure-Basen-Haushalts.

Kräftigen Sie Ihr Immunsystem, indem Sie Ihren Speiseplan mit Pilzgerichten bereichern! Den größten Heilwert erzielt man mit frischen Pilzen, fast ebenso gesund ist aber auch das aus ihnen gewonnene Pilzpulver, mit dem Sie viele Gerichte verfeinern können.

Omas Pilz-Apotheke

AUSTERNPILZ

Lindert Entzündungen der Mundschleimhaut und aktiviert den Zellstoffwechsel

AUSTERNSEITLING

Senkt das Cholesterin und wirkt antibakteriell

CHAMPIGNON

Fördert die Verdauung, senkt den Blutdruck und ist hilfreich für Gichtkranke und Diabetiker

EICHHASE

Wirkt harntreibend, unterstützt die Entwässerung bei Ödemen und verbessert das Hautbild

PFIFFERLING

Hilft bei Eisenmangel und schützt durch seinen hohen Selen-Gehalt vor freien Radikalen

SCHOPFTINTLING

Senkt den Blutzucker, soll Tumorzellen blockieren und verbessert die Verdauung

STEINPILZ

Optimale Selen-Quelle, Schutzschild gegen Infekte

HALLIMASCH

Wirkt antibakteriell, verbessert die Herztätigkeit, löst Krämpfe und gleicht den Blutdruck aus

0038

Tipps aus der Pilzküche

Richtig transportieren

Transportieren Sie Pilze niemals in einer Plastiktüte, sondern immer in einem luftigen Weidenkorb. Das hat zwei Gründe: Erstens brauchen Pilze Luft. Sie verderben sehr schnell, wenn sie zusammengedrückt transportiert werden. Zweitens kann sich unter den gesammelten Pilzen ein ungenießbares oder gar giftiges Exemplar befinden. In einem Korb machen Sie dieses leichter ausfindig als in einer Tüte mit vielen abgebrochenen Pilzstücken.

Richtig putzen

Wenn Sie von einer Wanderung Pilze mit nach Hause tragen, bringen Sie unweigerlich immer auch eine Menge „Natur“ mit. Doch nicht alles, was im Korb liegt, soll auf dem Teller landen. Ihre Fundstücke müssen also sorgfältig einzeln gereinigt werden. Sie nur mit einem Pinsel abzustauben, reicht nicht aus. Nein, alle Pilze müssen in klarem Wasser mehrmals gewaschen werden! Damit die Pilze sich nicht zu voll saugen, waschen Sie sie in kleineren Portionen und trocknen diese anschließend mit einer Salatschleuder. Nicht zu stark schleudern.

Richtig lagern

Lagern Sie Pilze bis zur Verarbeitung an einem kühlen, luftigen und trockenen Platz. Nicht zu eng oder übereinander aufbewahren, sondern ausgebreitet auf einem Küchentuch. Denn Pilze sind sehr empfindlich. Sie verderben sehr schnell und verlieren dabei ihre Nährstoffe, da dass Eiweiß sich sehr schnell zersetzt. Das kann zu Magen-Darm-Problemen führen.

Früher hieß es, Pilze dürfen nur frisch zubereitet werden, nach den heutigen Erkenntnissen der Ernährungswissenschaft können Sie Pilzgerichte jedoch ohne Bedenken aufwärmen.

Fertig gekochte Pilzgerichte können Sie im Kühlschrank auch ruhig einen Tag lang aufheben. Auf keinen Fall aber sollten Sie Pilze in Folie einwickeln oder in Töpfen aus Aluminium aufbewahren.

Die meisten Pilze lassen sich auch problemlos einfrieren, nur rohe Pfifferlinge schmecken nach dem Auftauen leicht bitter. Eingefrorene Pilze tauen Sie am besten bei niedriger Temperatur in der Pfanne auf und verarbeiten sie anschließend wie im Rezept empfohlen.

Richtig verarbeiten

PILZSALZ

Pilzsalz ist aus meiner Küche nicht wegzudenken. Ich bereite es selbst zu und verwende das Pulver zum Verfeinern von Suppen und Soßen.

Auch Sie können Pilzsalz leicht selbst herstellen. Außer Pfifferlingen eignen sich dafür alle essbaren Pilze. Verwendet werden die Stiele frischer Pilze – ideal dafür ist etwa der Parasol-Pilz, dessen Stiele zwar nicht essbar sind, aber getrocknet und gemahlen werden können und ein wunderbares, natürliches Würzmittel ergeben.

So geht's: Pilz-Stiele putzen, säubern und in dünne Scheiben schneiden. Im Backofen, an der Luft oder im Dörrapparat trocknen. Anschließend zu Pulver zermahlen. Danach vermischen Sie dieses Pulver mit gewöhnlichem Speisesalz, das fertige Pilzsalz sollte aus ⅔ Pilzpulver und ⅓ Salz bestehen.

GETROCKNETE PILZE

Einen Geheimvorrat getrockneter Pilze sollte man immer zu Hause haben. Putzen Sie die Pilze sorgfältig und schneiden Sie sie in dünne Scheiben. Diese Scheiben lassen Sie gründlich trocknen, entweder an der Luft, im Backofen oder im Dörrapparat. Zur Aufbewahrung eignet sich ein gut verschließbares Glas. Vor Gebrauch mindestens eine Stunde lang in kaltem

Wasser einweichen und dann mit den Gerichten aufkochen. Pfifferlinge eignen sich nicht.

ESSIG-PILZE

Für die Herstellung von eingelegten Pilzen kochen Sie einen Liter Wasser mit 400 ml mildem, 5-prozentigem Essig auf. Fügen Sie einige Perlzwiebeln, einen Teelöffel Salz und einen Esslöffel Zucker hinzu, nach Geschmack auch mehr. Säubern Sie sorgfältig Ihre Pilze – kleine, feste eignen sich am besten. Blanchieren diese im kochenden Salzwasser, kurz und portionsweise, jeweils nur 10 Sekunden lang. Danach sofort in kaltem Wasser abschrecken, gut abtropfen lassen und in saubere, heiße Gläser füllen. Das Gurkengewürz über die Pilze verteilen und mit dem heißen Essigsud übergießen.

PILZE IN ÖL

In gutes Öl eingelegte Pilze sind ein Schmuck für jedes Küchenregal und eignen sich als nettes, selbstgemachtes Mitbringsel. Nehmen Sie kleine, feste Pilze und säubern Sie sie sorgfältig. Dann einen Liter Wasser mit 400 ml 5-prozentigem mildem Essig, einem Esslöffel voll Pfefferkörnern und einem Teelöffel Salz aufkochen. Fünf Minuten lang leicht köcheln lassen, abtropfen lassen und abtupfen. Geben Sie die entstandene Masse in saubere, heiße Gläser oder Flaschen mit weiten Hälsen, bis diese etwa halbvoll sind. Den Rest mit Olivenöl auffüllen.

PILZPASTE

Für eine leckere Pilzpaste brauchen Sie 500 Gramm ausgesuchte feste Mischpilze und etwa 150 Gramm Zwiebeln. Hacken Sie die Pilze und Zwiebeln sehr fein und dünsten Sie sie in Öl an. Nicht braun werden lassen! Gut salzen und pfeffern. Mit herbem Wein ablöschen und einkochen, bis alles aufgesogen ist. Dann die Pilze zu einer Paste zerdrücken, in kleine, heiße, ausgewaschene Gläser füllen und mit hochwertigem Öl übergießen.

Richtig zubereiten

Braten, dünsten oder kochen Sie grundsätzlich alle Pilze vor dem Verzehr, um Vergiftungen zu vermeiden. Speziell frische Waldpilze müssen gründlich erhitzt werden, um die Larven abzutöten, die sich eventuell in ihnen verstecken, aber mit dem bloßen Auge nicht zu erkennen sind.

Auch die Zuchtchampignons, die Sie im Laden kaufen können, sollten Sie besser nicht roh zu sich nehmen. Denn rohe Champignons enthalten Agaritin, eine Substanz, die nicht immer gut vertragen wird.

Durch den hohen Anteil von Ballaststoffen und Zellulosegehalt können nach dem Pilzgenuss Verdauungsstörungen auftreten. Daher ist es wichtig, Pilze gründlich zu kauen, um die Darmtätigkeit kräftig anzuregen.

Fett ist ein Geschmacksverstärker. Bei Pilzgerichten ist daher von zu viel Fett abzuraten, damit der Eigengeschmack der Pilze nicht beeinträchtigt wird.

Wenn Sie Dosenware verwenden, lassen Sie bitte dieselbe Vorsicht walten wie bei frischen Pilzen und schneiden Sie jeden Pilz vor der Zubereitung senkrecht durch.

Nur so erkennen Sie, ob der Pilz in Ordnung ist. Denn selbst der kleinste Pilz, von außen schön anzusehen, kann verwurmt sein.

Für alle nachfolgenden Rezepte können Sie auch Dosenpilze oder eingefrorene Pilze verwenden. Alle Mengenangaben beziehen sich auf bereits gesäuberte Pilze.

Rezepte mit Mischpilzen

Pilz-Klößchen

250 g Pilze
40 g Margarine
1 gewürfelte Zwiebel
250 g Mett
1 Ei
Paniermehl
Salz und Pfeffer

Margarine in der Pfanne erhitzen und die Zwiebel darin goldgelb anbraten. Die vorbereiteten Pilze dazu geben. Sobald sich Flüssigkeit gebildet hat, salzen und pfeffern. Einreduzieren und braten.

Das Mett mit dem Ei, dem Paniermehl und den Gewürzen vermischen. Die gebratenen Pilze dazu geben und noch einmal alles gut mischen. Klößchen formen und in der Pfanne etwa 20 Minuten braten.

Omelett mit Pilzen

300 g Pilze
1 Zwiebel
40 g Margarine
3 Eigelb
3 Eiweiß
4 EL Mehl
3 EL Mineralwasser

Margarine in der Pfanne erhitzen und die Zwiebel darin anbraten. Die vorbereiteten Pilze dazu geben. Sobald sich Flüssigkeit gebildet hat, salzen und pfeffern. Die Pilzflüssigkeit einkochen lassen und braten.

Aus dem Eigelb, Mehl und Mineralwasser einen Teig bereiten. Das Eiweiß steif schlagen und unterheben. Omeletts in Margarine hellgelb backen, halb mit den Pilzen füllen, umschlagen und mit Petersilie bestreuen.

Austern-Sahne-Pilze

500 g zerkleinerte Austernpilze
1 gewürfelte Zwiebel
100 g Schmand oder Crème fraîche
Salz und Pfeffer

Margarine in der Pfanne erhitzen und die Zwiebel darin goldgelb dünsten. Die vorbereiteten Pilze zugeben. Sobald sich Flüssigkeit gebildet hat, salzen und pfeffern. Flüssigkeit einkochen und fertig braten.

Schmand oder Crème fraîche über die gebratenen Pilze gießen. Aufkochen und mit Petersilie bestreuen.

Pilzauflauf

400 g festkochende Kartoffeln
600 g Mischpilze
250 g Mett
1 Brötchen
1 Ei
Semmelbrösel
150 g Schmand
1 Eigelb
2 EL Milch
4 EL geriebener Gouda

Festkochende Kartoffeln in der Schale garen, abgießen und mit kaltem Wasser abschrecken. Schale abpellen und Kartoffeln abkühlen lassen. In Scheiben schneiden.

Pilze putzen, waschen und in der Salatschleuder vorsichtig trocknen. Margarine in der Pfanne erhitzen und die Zwiebel glasig werden lassen. Die Pilze zugeben. Wenn die Pilze Wasser gezogen haben, salzen und pfeffern. Nicht zu kräftig braten.

Mett großzügig mit Salz und Pfeffer würzen. Brötchen ausdrücken, das Ei zu dem Mett geben und mit Semmelbrösel zu einem festen Teig mischen. Diesen auf einer mit Semmelbrösel bestreuten Arbeitsplatte ausrollen.

Auflaufform einfetten, Kartoffeln in die Schale setzen, darüber das ausgerollte Mett legen. Die Pilze auf dem Mett verteilen.

Schmand, Ei und Milch mit etwas Salz und Gouda verrühren und zum Schluss über die Pilze geben. Im vorgeheizten Backofen bei 160° Heißluft etwa 40–50 Minuten garen.

Kartoffelgratin mit Mischpilzen

400 g rohe Kartoffeln
400 g Pilze
¼ L süße Sahne
3 EL Schmand oder saure Sahne
1 Zwiebel
Pfeffer, Muskat und Salz
Margarine
Geriebener Gouda

Kartoffeln mit der Küchenmaschine oder dem Gurkenhobel in Scheiben schneiden. Salzen, pfeffern und gut unter die Kartoffeln mischen. Zwiebel würfeln.

Die Pilze putzen, waschen und in der Salatschleuder vorsichtig trocknen. Margarine in der Pfanne erhitzen und die Zwiebelwürfel darin glasig werden lassen. Die Pilze zugeben. Wenn die Pilze Wasser gezogen haben, salzen und pfeffern. Nicht zu kräftig anbraten.

Eine Auflaufform einfetten, Kartoffeln in die Schale setzen, darüber die Pilze verteilen und darüber den geriebenen Käse streuen. Süße Sahne mit dem Schmand verrühren. Stattdessen können Sie auch saure Sahne mit etwas Salz verwenden. Gleichmäßig über den Käse verteilen.

Im vorgeheizten Backofen bei 160° Heißluft etwa 40–50 Minuten garen. Die Garzeit richtet sich nach der Kartoffelmenge.

OMAS KÜCHENTIPP

Kartoffelscheiben so zurechtschieben, dass sie etwas aufrecht stehen. So verteilt sich die Flüssigkeit besser.

Pilzpfanne mit Gemüse

800 g Pilze
1 große Zwiebel
1 Bund Frühlingszwiebeln
250 g Blumenkohlröschen
150 ml Gemüsebrühe
4 EL trockener Weißwein
250 g Zucchini
2 Tomaten
Schnittlauch
Petersilie
Salz und Pfeffer
1 Prise Zucker

Die Pilze putzen, waschen und in der Salatschleuder vorsichtig trocknen. Margarine in der Pfanne erhitzen und die Zwiebel glasig werden lassen. Die Pilze zugeben. Wenn die Pilze Wasser gezogen haben, salzen und pfeffern. Pilze nicht zu kräftig braten.

Blumenkohlröschen in Salzwasser bissfest kochen. Wasser abgießen und beiseite stellen. Zucchini und Frühlingszwiebeln in mäßig dicke Scheiben schneiden. Tomaten achteln, Schnittlauch in kleine Röllchen schneiden, Petersilie grob zupfen, Gemüsebrühe und Wein bereitstellen.

In einer großen Pfanne Öl erhitzen. Den Blumenkohl, die Frühlingszwiebeln und die Zucchini zugeben. Salzen, pfeffern und zuckern. Gut verrühren und mit der Gemüsebrühe ablöschen. Die Pilze und die Tomaten zugeben. Etwas einkochen lassen und den Wein zugeben.

Probieren und eventuell nachwürzen. Mit Petersilie vermischen.

Gebackener Parasol

Eier
Semmelbrösel
Mehl
Salz und Pfeffer
Margarine zum Braten

Den Stiel vorsichtig vom Hut lösen und unter fließenden Wasser vorsichtig abwaschen und abtrocknen. Den Hut salzen und leicht pfeffern. Erst in Mehl, dann in einem aufgeschlagenem Ei und anschließend in Paniermehl wenden. Von jeder Seite einige Minuten anbraten.

Ragout aus Mischpilzen

20 g Margarine
2 Zwiebeln
150 g Schinken
500 g zerkleinerte Pilze
300 g gewürfelte Kartoffeln
¼ L Gemüsebrühe
Salz und Pfeffer

Margarine erhitzen. Zwiebeln und Schinken würfeln und anbraten. Pilze und Kartoffeln dazugeben und einige Minuten lang weiter braten. Mit der Brühe auffüllen. Mit Salz und Pfeffer abschmecken, mit frischer Petersilie bestreuen und der hungrigen Gästeschar servieren.

OMAS KÜCHENTIPP

Nehmen Sie so viel Brühe, wie Sie mögen. Es muss nicht unbedingt die angegebene Menge sein.

Pilz-Pfannkuchen

220 g Mehl
800 g Milch
1 Prise Salz
3 Eier
2 halbe Eierschalen Mineralwasser
Margarine zum Braten
400 g Mischpilze oder Champignons

Mit diesen Zutaten machen Sie zwei bis drei Personen satt und glücklich. Verrühren Sie alles zu einem glatten Teig und lassen Sie diesen mindestens 1 Stunde lang quellen.

Pilze putzen, waschen und in der Salatschleuder vorsichtig trocknen. Die Margarine in der Pfanne erhitzen und die Zwiebel glasig werden lassen. Pilze zugeben. Wenn die Pilze Wasser gezogen haben, salzen und pfeffern. Pilze nicht zu kräftig braten.

Pfanne mit der Margarine stark erhitzen. Dabei die Pfanne schwenken, damit sich das Fett gut verteilt. Eine Suppenkelle voll Teig in dazu geben und die Temperatur drosseln.

Wenn die untere Seite des Pfannkuchens etwas fest geworden ist, die Pilze darauf verteilen. Ist die Unterseite richtig fest, drehen Sie den Pfannkuchen um.

OMAS KÜCHENTIPP

Wollen Sie vermeiden, dass beim Umdrehen alles auseinanderfällt? Lassen Sie den halbfertigen Pfannkuchen aus der Pfanne auf einen Topfdeckel gleiten. So ist es leichter, den Pfannkuchen zu wenden.

Pilzsuppe

30 g Margarine
250 g Pilze, geputzt und klein geschnitten
1 Zwiebel, sehr klein gewürfelt
¾ L Gemüsebrühe
50 g Margarine
40 g Mehl

Margarine erhitzen, die Zwiebel darin andünsten, die Pilze dazu geben. Nicht braten, sondern nur garen. Salzen und pfeffern.

Margarine erhitzen, Mehl dazu geben und gut verrühren. Mit der Brühe nach und nach auffüllen. Bei mäßiger Hitze weiter rühren, damit keine Klümpchen entstehen. Pilze klein hacken oder pürieren. Mit der angedickten Brühe auffüllen.

Noch einmal aufkochen. Mit Salz, Pfeffer und Sahne abschmecken und mit Petersilie bestreuen.

Pilzsalat

500 g Mischpilze
40 g Butter
1 fein gewürfelte Zwiebel
100 g süßsaure Gurken
5 EL Pilzbrühe
3 EL ÖL
2 EL Essig
1 Schalotte, sehr fein gehackt
1 Zwiebel, in Ringe geschnitten
Salz und Pfeffer
½ TL Zucker

Zwiebelstückchen in der Butter dünsten, die Pilze dazu geben, mit Salz und Pfeffer würzen. Bei schwacher Hitze dünsten. Wenn sich viel Brühe gebildet hat, Pilzbrühe abgießen und aufbewahren. Weiter dünsten, bis die Flüssigkeit vollständig verdunstet ist.

Das Öl mit Salz und Pfeffer gut verrühren. Wer mag, gibt noch ½ TL Zucker dazu. Pilzbrühe und Essig vermischen und über die noch warmen Pilze gießen.

Die Gurken in hauchfeine Scheiben schneiden und zum fertigen Salat geben. Kräftig abschmecken und durchziehen lassen. Mit frischen Kräutern servieren.

Pilze auf Toast

4 Scheiben Toastbrot
4 Scheiben Kochschinken
4 große Scheiben Käse
400 g Pilze
1 Zwiebel
Salz und Pfeffer
Margarine zum Braten

Für diesen Toast eignen sich fast alle Pilze. Margarine in der Pfanne erhitzen und darin die gewürfelte Zwiebel goldgelb anbraten. Die vorbereiteten Pilze zugeben. Sobald sich Flüssigkeit gebildet hat, salzen und pfeffern. Einkochen lassen und kräftig durchbraten.

Backofen vorheizen. Toastbrot knusprig toasten und mit Kochschinken belegen. Die heißen Pilze darauf verteilen. Mit Käse abdecken und sofort im Backofen bei 180° überbacken, bis der Käse geschmolzen ist.

OMAS KÜCHENTIPP

Die Hüte mit einer sauberen Bürste säubern. (Abwaschen ist nicht nötig). In leicht gesalzenem Wasser kurz blanchieren und auf Haushaltspapier abtropfen lassen. Wenn das Papier durchnässt ist, ersetzen Sie es durch Frisches. Einzeln einfrieren. Im gefrorenen Zustand wie frische Parasolpilze behandeln.

Pilzauflauf mit Nudeln

750 g Pilze
40 g Butter
1 Zwiebel, fein gewürfelt
250 g gekochter Schinken
3 EL Schmand
1 Ei
Geriebener Gouda
150 g Schmand
100 g süße Sahne
Salz und Pfeffer

Zwiebel in der Butter dünsten. Die Pilze zugeben. Sobald sich Flüssigkeit gebildet hat, salzen und pfeffern. Bei schwacher Hitze braten, bis die Flüssigkeit verdunstet ist.

Den Schinken in feine Streifen schneiden und mit den anderen Zutaten in der Pfanne noch einmal kräftig durchbraten. Schmand über die Pilze geben, kurz aufkochen.

Wasser mit Salz zum Kochen bringen. Die Nudeln in das kochende Wasser geben und ohne Deckel bissfest kochen.

Eine Auflaufform gut einfetten. Die Nudeln mit den Pilzen mischen und in die Form füllen. Ei verquirlen, mit

Schmand und Sahne verrühren. Salzen und pfeffern. Über die Nudeln verteilen. Anschließend mit Käse bestreuen.

Im vorgeheizten Backofen bei 160° Heißluft etwa 30 Minuten lang garen.

Pilz-Pizza

220 g Mehl
6 g Hefe
7 g Zucker
110 g Milch
25 g Öl
5 g Salz
4 fleischige Tomaten
Salz, Pfeffer, Paprikapulver
2 Scheiben gekochter Schinken
Basilikum
200 g gebratene Pilze

Die Angaben gelten pro Person, multiplizieren Sie also bitte die Mengen mit der Anzahl Ihrer Gäste. Als Belag eignen sich alle erdenklichen Mischpilze sowie Champignons, Stockschwämmchen und Steinpilze.

Trockenhefe mit dem Mehl mischen. Die anderen Zutaten zugeben und zu einem glatten Teig kneten. Den Teig aufgehen lassen. Ausrollen und abgedeckt stehen lassen, damit der Teig noch einmal aufgehen kann.

Für die Tomatensoße schneiden Sie Tomaten in Würfel und kochen diese in 2 EL Wasser. Vorsichtig das erste klare Wasser abgießen. Die Tomaten in ein Sieb oder in eine Küchenmaschine geben und passieren. Aufkochen, mit Salz, Pfeffer und Paprikapulver abschmecken.

Ist die Soße zu dünn geraten, mit etwas Speisestärke andicken. Falls die Tomatensoße dann noch nicht würzig genug ist, etwas konzentriertes Tomatenmark zugeben.

Schinken in Streifen schneiden. Ausgerollte Pizza mit der Tomatensoße bestreichen. Mit Basilikum-Blättern, Schinken und den gebratenen Pilzen belegen. Mit geriebenem Gouda bestreuen.

Ofen auf 230° vorheizen und im vorgeheizten Ofen etwa 10 Minuten lang backen. Die Backzeit variiert: Es kommt darauf an, wie dick Teig und Belag sind.

Pilzreis

1 Tasse Reis
2 Tassen Gemüsebrühe
1 TL Curry
250 g kleine Pilze
2 EL kleingehackte Schalotten
1 EL Zitronensaft
1 EL kleingehackte Petersilie
Salz und Pfeffer

Öl erhitzen, Reis dazu geben. Umrühren und den Curry dazu geben. Sofort mit Brühe ablöschen. Einmal aufkochen und auf kleinster Hitze etwa 20 Minuten quellen lassen.

Die Pilze mit allen übrigen Zutaten mischen und kurz andünsten. Den fertigen Reis zu den Pilzen geben und weitere 20 Minuten bei kleiner Hitze garen. Die Menge reicht für zwei, als Vorspeise auch für vier Personen.

Rezepte mit Pfifferlingen

Pfifferlingsuppe

250 g Pfifferlinge
30 g Butter
½ Schalotte
½ L Gemüsebrühe
¼ L Milch
Salz und Pfeffer

Die halbe Schalotte fein würfeln und in der Butter andünsten. Pfifferlinge zugeben und weiter dünsten. Salzen und pfeffern. Weiter dünsten, bis die Pilze gar sind. Nur dünsten, nicht braten!

Einige Pfifferlinge beiseite legen und die anderen pürieren. Brühe und Milch zugeben, aufkochen und abschmekken. Mehl mit etwas lauwarmem Wasser glatt rühren und esslöffelweise langsam in die Suppe geben, bis diese so sämig ist, wie Sie möchten. Mit Sahnehäubchen servieren.

Salat aus Pfifferlingen und Steinpilzen

500 g Pilze
300 g Frühlingszwiebeln
200 g gekochter Schinken
1 Knoblauchzehe
Geriebener Gouda
Öl zum Braten

DRESSING:
Olivenöl
Weinessig
Schnittlauch
1 Prise Zucker
Salz und Pfeffer

Pilze säubern, waschen und in der Salatschleuder vorsichtig trocknen. Frühlingszwiebeln in Ringe schneiden. Knoblauchzehe in feine Scheiben schneiden. Schinken in schmale Streifen schneiden. Schnittlauch waschen und in Röllchen schneiden.

Etwas Öl in der Pfanne erhitzen. Bei schwacher Hitze die Pilze darin garen, aber nicht braten. Wenn sich Flüssigkeit gebildet hat, salzen und pfeffern. Knoblauch zugeben. Erst, wenn das Pilzwasser vollständig verdampft ist, sind die Pilze gar. Aus der Pfanne nehmen und abkühlen lassen.

Dressing: 3 EL milden Weinessig mit Salz, Zucker und Pfeffer gut verrühren, bis das Salz gelöst ist. 3 EL Olivenöl zugeben und kräftig aufschlagen, bis alles eingedickt ist. 9 EL Wasser zugeben und verrühren. Probieren und eventuell nachwürzen.

Frühlingszwiebeln, Schinken und Schnittlauch in eine Schüssel geben, obenauf die Pilze geben und darüber die

Salatsoße. Vorsichtig vermengen. In Portionsschalen verteilen und mit dem Käse bestreuen.

OMAS KÜCHENTIPP

Wenn Sie weniger Pilze zur Verfügung haben, können Sie mehr von den anderen Zutaten nehmen.

Überbackene Pfifferlinge

2 große Kartoffeln
1 gewürfelte Zwiebel
3 Scheiben geräucherter, gewürfelter Schinkenspeck
250 g ungesüßte Sahne
Margarine zum Braten

Ungeschälte Kartoffeln gut abwaschen und in eine eingesalzene Auflaufform legen. Den Backofen auf 200° Heißluft vorheizen. Die Kartoffeln etwa 60 Minuten darin garen.

In der Zwischenzeit Margarine in der Pfanne erhitzen und die Zwiebeln darin glasig andünsten. Den Schinkenspeck dazugeben und kurz durchschwenken. Die Pilze hinzufügen und alles garen. Mit Salz und Pfeffer abschmekken. Wenn die Pilze gar sind, die Sahne dazugeben und alles einkochen lassen.

Die gegarten Kartoffeln leicht abkühlen und etwas aushöhlen. Die Pilze ohne Flüssigkeit in die Kartoffeln füllen. In eine geölte Auflaufform setzen. Falls Sie noch Pilze übrig haben, können Sie diese dekorativ um die Kartoffeln legen.

Für eine schöne Kruste setzen Sie Butterflöckchen auf die Pilze, und, wenn Sie mögen, ein wenig Käse. Dann 10–15 Minuten lang im Backofen bei 200° überbacken.

OMAS KÜCHENTIPP

Vorsicht beim Würzen: Nehmen Sie bei der Zubereitung dieser Speise nicht zu viel Salz. Durch den Speck sind die Pilze schon salzig.

Eierpfanne mit Pfifferlingen

500 g Pfifferlinge
6 Eier
2 EL Wasser
1 Zwiebel
Schnittlauch
100 g geriebener Gouda
⅛ L süße Sahne
Salz und Pfeffer
Muskat

Pilze putzen, waschen, halbieren und vorsichtig in der Salatschleuder trocknen. Die Zwiebeln in dünne Scheiben und den Schnittlauch in Röllchen schneiden. Eier mit dem Wasser mit Salz, Pfeffer und einer Prise Muskat verquirlen.

Öl in der Pfanne erhitzen und die Zwiebel darin leicht andünsten. Die vorbereiteten Pilze dazu geben. Sobald sich Flüssigkeit bildet, salzen und pfeffern. Flüssigkeit einkochen lassen und braten. Leicht gesalzene Sahne hinzufügen und weiter einkochen, bis die Pilze gut gebunden sind.

Hitze reduzieren, die Ei-Masse über die Pilze geben und mit Käse bestreuen. Nicht mehr rühren, oder nur sehr vorsichtig, um zu vermeiden, dass sie anbrennen. Die Eier stocken lassen. Vor dem Servieren mit dem Schnittlauch bestreuen.

Tomaten-Pfifferlinge

500 g Pfifferlinge
500 g Tomaten
40 g Margarine
2 Zwiebeln gewürfelt
Crème fraîche

Pfifferlinge gut putzen. Margarine in der Pfanne erhitzen. Die Pfifferlinge darin garen, aber nicht braten. Salzen und pfeffern. Die Pilzflüssigkeit einkochen lassen, dann die Tomaten dazugeben.

Noch einmal Flüssigkeit reduzieren und die Masse leicht anbraten. Nachwürzen. Crème fraîche und frische Petersilie unterrühren

Rezepte mit Champignons

Gebratene Wiesenchampignons

750 g Champignons
40 g Butter
1 fein gewürfelte Zwiebel
250 g gekochter Schinken
3 EL Schmand

Zwiebel in der Butter dünsten. Die Pilze zugeben. Sobald sich Flüssigkeit gebildet hat, salzen und pfeffern. Bei schwacher Hitze braten, bis die Flüssigkeit verdunstet ist. Den Schinken in feine Streifen schneiden, dazu geben und noch einmal kräftig durchbraten. Schmand verquirlen, über die Pilze geben, kurz aufkochen. Mit Petersilie bestreuen.

Mit diesem einfachen Gericht feiern Sie garantiert Erfolge bei Ihren Gästen. Ihre Bewunderer werden Sie anflehen, es bei jedem Besuch essen zu dürfen.

Curry-Champignons

800 g Champignons
½ Bund Petersilie
1 Zwiebel
30 g Margarine
¼ TL Zucker
1 TL Currypulver
Salz und Pfeffer

Champignons putzen, waschen und in einem Küchentuch trocken schleudern. Danach die Pilze vierteln. Zwiebel schälen und grob würfeln.

30 Gramm Margarine in einer Pfanne erhitzen und die Zwiebeln darin glasig anschwitzen. Anschließend die gut abgetrockneten Champignons dazugeben. Erst, wenn sich Flüssigkeit gebildet hat, mit einer Mischung aus Salz, weißem Pfeffer, Zucker und Currypulver würzen. Pilzflüssigkeit gut einkochen lassen, dann die Champignons bei mittlerer Hitze kräftig braten.

Zum Schluss je nach Geschmack Schmand untermischen und das Ganze nochmals kurz aufkochen. Gegebenenfalls nochmals abschmecken.

OMAS KÜCHENTIPP

Durch die Verwendung von Margarine beim Anbraten der Champignons wird die Soße schön cremig. Salz, Pfeffer, Zucker und Curry so vermengen, dass sich die Gewürzmischung gleichmäßig verteilt.

Champignons im Bierteig

8 Champignons
200 g Mehl
TL Salz
2 Eigelb
250 ml helles Bier

TATARENSOSSE:
150 g Naturjoghurt
2 EL Mayonnaise
2 kleine Gewürzgurken
Salz und Pfeffer
Schnittlauch oder Petersilie

Eiweiß steif schlagen. Alles zu einem glatten Teig verrühren, das Eiweiß unterheben. Champignons salzen, pfeffern und durch den Teig ziehen. Dann in der Fritteuse einige Minuten ausbacken.

Lassen Sie die Pilze danach auf einem mit Haushaltspapier belegten Teller abtropfen.

Dazu passt gut eine Tatarensoße: Joghurt mit Mayonnaise verrühren. Gewürzgurken in ganz kleine Würfel schneiden. Mit Salz und Pfeffer würzen. Schnittlauch oder Petersilie sehr fein hacken und unter die Soße ziehen.

OMAS KÜCHENTIPP

Zur Verfeinerung können Sie etwas herben Weißwein dazu geben. Aber Vorsicht: Zu viel Wein beeinträchtigt den Geschmack der Soße.

Champignonsalat

500 g Champignons
⅛ L Gemüsebrühe
4 Lauchzwiebeln
Cocktailtomaten
Salz und Pfeffer
Weinessig
Olivenöl
Grüner Salat

DRESSING:
3 EL Weinessig
3 EL Olivenöl
1–3 EL Gemüsebrühe

Die Champignons waschen und trocknen. In nicht zu dicke Scheiben schneiden. Lauchzwiebeln in Ringe schneiden. Cocktailtomaten vierteln. Salatblätter putzen, trocknen, aber im Ganzen lassen.

Nicht jeder verträgt rohe Champignons. Erhitzen Sie deshalb etwas Öl in der Pfanne und schwenken Sie darin die Pilze etwa eine Minute lang. Gemüsebrühe angießen und mit Salz und Pfeffer abschmecken. Die Champignons müssen noch bissfest sein. Durch ein Sieb abtropfen lassen.

Die Champignons und Lauchzwiebeln mit dem Dressing vermischen. Alles gut verrühren und mit Salz und Pfeffer abschmecken.

Salatblätter auf einen Teller legen. Die Champignons darauf verteilen und mit den Cocktailtomaten garnieren.

Champignonpastete

750 g Champignons
40 g Butter
1 fein gewürfelte Zwiebel
250 g gekochter Schinken
125 g saure Sahne
1 flacher EL Mehl

Zwiebel in der Butter dünsten, die Pilze zugeben, mit Salz und Pfeffer würzen. Bei schwacher Hitze braten, bis die Flüssigkeit verdunstet ist. Den Schinken in feinen Streifen oder gewürfelt dazu geben.

Sahne und Mehl verrühren, über die Pilze geben, aufkochen und zu einer sämigen Masse verarbeiten, eventuell mit etwas Mehl, aber erst zum Schluss. Blätterteigpasteten aufbacken, mit dem Pilzragout füllen. Mit Petersilie bestreuen und sofort servieren.

OMAS KÜCHENTIPP

Anstelle der sauren Sahne können Sie auch Schmand nehmen (außerhalb der Bayerischen Landesgrenzen auch bekannt als Sauerrahm).

Gefüllte Champignons

8 Champignons
1–2 Frühlingszwiebeln
4 kleine Tomaten
1–2 EL Schmand
3 EL Wein
Geriebener Gouda
Toastbrot
Salz und Pfeffer

Die Champignons vorsichtig waschen und trocknen. Stiele entfernen. Champignons aushöhlen. Die Stiele und das Ausgehöhlte klein schneiden und einen Teil davon für die Soße beiseite legen. Frühlingszwiebeln putzen und in Ringe schneiden. Auch davon etwas für später beiseite legen.

Die klein geschnittenen Pilze mit Salz und Pfeffer kräftig würzen und mit den Frühlingszwiebeln mischen. Die ausgehöhlten Pilze mit der Mischung füllen und mit einer kleinen Tomatenscheibe abdecken.

Die Pilze in eine Auflaufform setzen. 20–30 Minuten bei ca. 160 °C im vorgeheizten Ofen backen. Mit Gouda bestreuen und kurz unter dem Grill erhitzen, bis der Käse geschmolzen ist.

Für die Soße: Öl in der Pfanne erhitzen und die Pilzreste mit den restlichen Frühlingszwiebeln kurz braten. Mit Salz und Pfeffer würzen und mit herbem Weißwein ablöschen. Schmand unterrühren und etwas einkochen. Die Soße sollte schön sämig werden.

Toastbrot rösten. Je zwei Champignons auf einen Teller legen. Mit der Soße umgeben und mit Petersilie bestreuen.

OMAS KÜCHENTIPP

Verwenden Sie anstelle der Auflaufform eine Muffin-Kuchenform. So verrutschen die Pilze nicht.

Rezepte mit Steinpilzen

Steinpilz-Spieße

Steinpilze
Räucherspeck
Zwiebeln
Paprika

Die Menge dieser Zutaten richtet sich nach Anzahl Ihrer Gäste. Schneiden Sie die Steinpilze und den Räucherspeck in Scheiben – die Pilze nicht zu dünn und den Speck nicht zu dick. Halbieren Sie die Zwiebeln und lösen Sie die Zwiebelhäute von außen nach innen. Schneiden Sie die Paprika in Stücke, die etwa gleich groß sind wie Ihre Pilzscheiben. Mit Stücken von gleicher Größe erzielen Sie ein gleichmäßiges Bratergebnis.

Nun können Sie alle Zutaten in bunter Folge auf Holz- oder Metallspieße reihen. In der Pfanne braten oder im Griller grillen. Salzen und pfeffern.

Pasta mit Steinpilzen

400 g Spaghetti
400 g Steinpilze
1 Schalotte
3 Knoblauchzehen
150 g Schmand
Salz und Pfeffer
Muskat
Öl
2 EL Wasser

Steinpilze putzen und in Scheiben oder Stücke schneiden. Die Knoblauchzehen zerdrücken, die Schalotte würfeln.

Wasser mit Salz zum Kochen bringen. Die Spaghetti ins kochende Wasser geben und ohne Deckel bissfest garen.

Öl in der Pfanne erhitzen. Die Pilze mit den Zwiebeln zugeben. Wenn die Pilze Wasser gezogen haben, salzen und pfeffern. Wenn das ganze Pilzwasser eingekocht ist, nicht zu kräftig braten und zum Schluss den Knoblauch zugeben.

Schmand mit dem Wasser cremig rühren und leicht salzen. Wenn die Pilze gar sind, den Schmand mit den Pilzen verrühren und über die Pasta verteilen.

OMAS KÜCHENTIPP

Knoblauch nicht zu stark braten, sonst wird er bitter. Statt Spaghetti können Sie auch andere Teigwaren verwenden.

Gulasch mit Steinpilzen

500 g Gulasch
3 gewürfelte Zwiebeln
1 Knoblauchzehe
500 g Steinpilze
1/8 L saure Sahne
Salz, Pfeffer, Paprika

Gulasch im heißen Fett anbraten. Zwiebeln und Knoblauch zugeben und weiter braten. Etwas Wasser angießen und würzen.

Nach etwa 30 Minuten die Pilze dazu geben und fertig garen, eventuell etwas Wasser nachgießen. Zum Schluss die Sahne unterrühren und einmal aufkochen.

Steinpilz-Klößchen als Suppeneinlage

200 g Steinpilze
60 g weiche Butter
2 Eier
Salz und Pfeffer

Zutaten schaumig rühren, die Pilze fein hacken und dazu geben. Paniermehl und Speisestärke hinzufügen. Kleine Klößchen formen und in der Gemüsebrühe garen.

OMAS KÜCHENTIPP

Der Pilz-Anteil im Teig für diese Klößchen sollte nicht zu hoch sein, damit sie nicht zerfallen.

Omas Geheimrezepte

Gebratener Schopftintling

Den Stiel behutsam heraus drehen und vorsichtig jeden Hut einzeln abwaschen und trocknen, denn der Hut zerbricht leicht.

Reichlich Margarine erhitzen, Zwiebel würfeln und leicht andünsten. Wenn sich Flüssigkeit gebildet hat, salzen und pfeffern. Dieser Pilz zieht sehr viel Wasser. Gießen Sie es ab und braten Sie ihn kräftig durch, damit er seinen vollen Geschmack entfalten kann.

OMAS KÜCHENTIPP

Der Schopftintling wird auch „Spargelpilz“ genannt und ist besonders schmackhaft. Wenn Sie einen Garten haben, können Sie ihn sogar selbst anbauen.

Gebratene Herbsttrompete

Herbsttrompeten
1–2 Schalotten
Salz und Pfeffer
Butter zum Braten

Die Herbsttrompete schmeckt einmalig, sie ist der Trüffel unter den einheimischen Speisepilzen. Sie erhalten das feine Aroma unverfälscht, indem Sie diese Sorte nicht mit anderen Pilzen mischen. Ich empfehle diese einfache Art der Zubereitung:

Pilze der Länge nach aufschneiden. Sorgfältig säubern, denn gerade in der Herbsttrompete verstecken sich viele kleine Tierchen. Danach gut waschen und in der Salatschleuder vorsichtig trocknen.

Butter in der Pfanne erhitzen und darin die gewürfelte Schalotte goldgelb andünsten. Die vorbereiteten Pilze zugeben. Sobald sich Flüssigkeit gebildet hat, salzen und pfeffern. Einkochen lassen und braten.

Gebratene Stockschwämmchen

Stockschwämmchen
1 gewürfelte Zwiebel
2 Eier
Salz und Pfeffer
Margarine zum Braten

Margarine der Pfanne erhitzen und die Zwiebel darin goldgelb anbraten. Die vorbereiteten Pilze zugeben. Sobald sich Flüssigkeit gebildet hat, salzen und pfeffern.

Einkochen lassen und kräftig durchbraten.

Anschließend verquirlte Eier über die Pilze gießen und noch einmal braten. Mit Petersilie bestreuen.

Gebratene Krause Glucke

Dieser Pilz kann bis zu 10 Kilo schwer werden und ist auch dann noch gut essbar. Vor der Zubereitung bitte gründlich abwaschen. Die Krause Glucke hat keinen Stiel, sondern einen Strunk, ähnlich wie ein Blumenkohl, und wird auch genau wie Kohl auseinander geschnitten.

Den Pilz dann im kochenden Salzwasser etwa 10 Minuten lang kochen. Gut abtropfen lassen und in der Salatschleuder vorsichtig trocknen.

Zwiebeln in reichlich Margarine andünsten und den zerkleinerten Pilz nach und nach zugeben. Nicht zu viele Pilze auf einmal! Krause Glucken müssen sehr kräftig gebraten werden, damit sich ihr feiner, nussartiger Geschmack entfaltet. Anschließend verquirlte Eier darüber gießen und noch einmal kräftig braten.

Pilze: Geheimnisvoll und gefährlich

Pilze existieren schon bedeutend länger als wir Menschen und alle höheren Säugetiere. Denn Pilze wuchsen bereits vor 900 bis 1.200 Millionen Jahren in allen Teilen der Erde.

Bis heute sind rund 100.000 Arten bekannt und benannt, es gibt aber Fachleute, die annehmen, dass es in Wirklichkeit viel mehr sind. Nach neuesten Schätzungen überziehen unseren Planeten fünf Millionen Pilzarten!

Viele Mythen ranken sich um Pilze und in vielen Gedichten werden sie besungen. Schon die alten Kulturen erkannten, dass Pilze etwas ganz Besonderes waren. „Schwämme der Götter" wurden sie ehrfurchtsvoll genannt und „ Kinder der Erde". Im alten China waren Pilze wertvoller als Gold und einige Kaiser schickten ganze Flotten in die Ferne, um nach den „göttlichen Pilzen der Unsterblichkeit" zu suchen.

Auch unsere europäischen Vorfahren staunten bestimmt nicht wenig über scheinbar unerklärliche Phänomene wie die berühmten „Hexenringe“ oder das grüne Leuchten des Hallimasch-Myzels in verzauberten Sommernächten. Und für einige Völker haben gewisse psychoaktive Pilzarten große spirituelle Bedeutung.

Bis heute haftet diesen seltsamen Lebewesen etwas Mystisches an. Rote Zauberpilze mit weißen Tupfen bringen Glück zu Neujahr und gelten vielen Menschen als gutes Omen. Manche hängen sogar einen getrockneten Pilz über der Türschwelle oder über dem Bett auf, als Talisman, um böse Geister zu vertreiben. Und wie anders sähe unsere Gesellschaft aus ohne den Hefepilz? Ohne ihn gäbe es keinen Alkohol.

Sammeln Sie also Pilze mit Vergnügen und verspeisen Sie sie mit Genuss – erweisen Sie ihnen aber auch die Achtung, die ihnen zukommt.

Abschließend eine Warnung und ein guter Rat. Die meisten Pilze sind im rohen Zustand giftig! Und um diese drei sollten Sie unbedingt einen großen Bogen machen:

FLIEGENPILZ

Wird als stark giftig eingestuft, sprießt von Juli bis November in sauren Laub- und Nadelwäldern. Pilzsammler lieben ihn, aber nicht als Nahrung, sondern als Wegweiser. Denn in seiner Nähe stehen oft die begehrten Steinpilze.

GALLENRÖHRLING

Er lauert ebenfalls von Juli bis November in bodensauren Nadel- und Mischwäldern. Seine täuschende Ähnlichkeit mit Delikatessen wie Steinpilz und Maronen-Röhrling macht den Gallenröhrling so gefährlich.

KNOLLENBLÄTTERPILZ

Der giftigste Pilz von allen. Es besteht Verwechslungsgefahr mit dem Wiesenchampignon. Auch, wenn Sie überzeugt sind, dass Sie bloß Champignons gefunden haben – gehen Sie kein Risiko ein und fragen Sie einen Pilzfachmann.

Über die Autorin

MARIANNE WOLLRABE

Marianne Wollrabe, Jahrgang 1946, stammt aus Herzberg am Harz. Die Kochleidenschaft liegt ihr im Blut: Ihr Vater war ein ungarischer Meisterkoch. Schon als Kind kochte sie gern und verwendete möglichst viele frische Kräuter, was zur damaligen Zeit ein Novum darstellte. Marianne Wollrabe veröffentlichte bereits mehrere Koch- und Sachbücher und präsentierte ihre Kochkunst im NDR-Fernsehen. Sie ist verheiratet und hat zwei Kinder, sieben Enkelkinder und drei Urenkel. Zum vorliegenden Pilz-Kochbuch hat sie ihr Mann inspiriert.

IHR FEEDBACK

Oma freut sich über Leserpost!
Schreiben Sie eine E-Mail an: omaspilze@icloud.com
Oder besuchen Sie meinen Koch-Blog: almas-rezeptebox.de

eBOOK

Dieses Buch ist auch als eBook im Online-Buchhandel erhältlich.